*I*nlineskaten ist der Trend- und Fun-Sport Nummer 1. Denn das Training macht nicht nur viel Spaß, es bringt nebenbei die Figur in Form und verbessert die Kondition, macht die Muskeln stark und lässt die Pölsterchen schwinden. Mit etwas Know-how ist der Fun-Faktor auch für Einsteiger garantiert! Profis holen sich ihren Freizeitkick in Blade-Nights oder als Freeskater ohne Limits. Viel Spaß auf den acht Rollen!

Inhalt

Inline Basics

Topfit auf der Rolle

Skaten für Könner

Inline Basics

Skater werden ist nicht schwer ...

Mitmachen kann jeder, der mit Spaß topfit werden will. Allerdings sollten Sie die wichtigsten Skating-Regeln kennen, dazu Fahr- und Falltechniken beherr-schen. Dann steht einer Karriere auf Rollen nichts mehr im Weg.

Schnell fit
auf acht Rollen

Wie das geht, verrät Ihnen Inline-Profi und Personal-Trainer Tanja Quade aus München. Sie ist die fachliche Beraterin für dieses Buch (mehr über sie auf Seite 48). Hier nennt sie Ihnen lauter gute Gründe, die fürs Inlineskaten sprechen.

Lauter gute Gründe

Fitness soll Spaß machen

Wer sportlich sein will, muss nicht leiden. Inlineskating ermöglicht ein tolles Training mit optimalem Gesundheitsfaktor. Es gibt keine Überanstrengung, und kein innerer Schweinehund ist zu bekämpfen. Skaten ist leicht zu erlernen – man gleitet lässig in den Sport hinein.

Der ideale Fettkiller

Die Vorstellung, zwei Stunden zu joggen, ist grausam. Zwei Stunden Skaten macht Spaß. Nur die Fettpölsterchen haben nichts zu lachen. Während Sie gemütlich durch die Gegend fahren, schmilzt das Fett wie von selbst. Niedrige Herzfrequenz und lange Beanspruchung im Fettstoffwechsel (Seite 28) mobilisieren die Fettreserven und lassen die Pfunde schwinden. Bei regelmäßigem Training verringert sich der prozentuale Körperfettanteil nachweisbar.

Das Beste: Die Fettverbrennung wirkt sich deutlich an den »Problemzonen« aus – an Bauch, Beinen und Po.

Power für die Muskeln

Wenn Sie nicht unbedingt Fett abbauen, dafür aber Muskulatur aufbauen wollen, sind Sie beim Inlineskating ebenfalls bestens bedient. Selbst die Fußmuskeln erleben ein lang ersehntes Comeback.

Um Muskeln aufzubauen, skaten Sie einfach mit mehr Power. Dafür gibt's das Speed-Skaten in tiefer Körperhaltung (Seite 43) und das Berg-auf-Training. Der Kraftreiz ist dabei wesentlich höher als bei vergleichbaren Ausdauersportarten.

Sit-ups können Sie vergessen

Bauchmuskeltraining ist inklusive. Die Muskulatur im Bauch wird ständig beansprucht. Sie hält den Körper aufrecht und stabilisiert jede Bewegung – das Ganze im Teamwork mit den Muskeln in Gesäß, Oberschenkeln und Rücken. Skaten sorgt also für einen flachen Bauch und einen knackigen Po.

Super Body-Feeling

Beim Skaten kommt der ganze Körper zum Einsatz – mit tollen Nebenwirkungen: Die harmonischen Bewegungen sorgen für ein gutes Körpergefühl, Sie kommen äußerlich und innerlich mehr in Balance, fühlen sich fit, leicht, einfach gut. Im schnellen Dahingleiten sind Körper, Geist und Seele im Einklang.

info:

SKATING – SCHLANKMACHER NR. 1

● Im Vergleich: Verbrauch in kcal bei 30 Minuten Training

Tennis	300
Wandern	350
Aerobic	400
Squash	400
Laufen	400
Inlineskating	450

● Im Vergleich: Muskeltraining der »Problemzonen«

Aerobic: Oberschenkel vorn, hinten, innen sowie Po und Wade werden relativ gleichmäßig beansprucht.

Laufen: Besondere Beanspruchung für Oberschenkel hinten und Wade.

Schwimmen: Gut trainiert werden lediglich Oberschenkel-Innenseiten und Po.

Inlineskating: Stärker gefordert werden Oberschenkel vorn und innen. Extrem-Training für den Po.

Quelle: Salomon S.A.

Einfach entlastend

Skaten ist viel schonender für die Gelenke als Joggen. Die Knie werden weniger belastet, weil sie immer leicht gebeugt sind. Während beim Joggen jeder Schritt einen Stoß auf die Bandscheiben bewirkt, ist das Skaten viel schonender für die Wirbelsäule.

Effektives Ausdauertraining

Wer regelmäßig skatet, versorgt seinen Körper mit viel Sauerstoff. Das verbessert die Leistungsfähigkeit des Herzens, es muss weniger oft schlagen. Gleichzeitig pumpt der Herzmuskel mehr Blut in den Kreislauf, und die Stoffwechselaktivität erhöht sich. Je besser durchblutet alle Organe im Körper sind, desto effektiver können sie arbeiten. Beispielsweise werden Abfallprodukte aus dem Stoffwechsel schneller abgebaut. Nicht zuletzt ist auch eine gut durchblutete Muskulatur wesentlich leistungs- und belastungsfähiger.

Anti-Stress-Management

Durch die verbesserte Leistungsfähigkeit ermüden Sie nicht so schnell. Stress lässt sich leichter bewältigen, weil Stresshormone durch Bewegung abgebaut werden. Dafür werden beim Skaten Glückshormone aktiv – so als wären Sie frisch verliebt.

Skaten macht mobil

Skaten ist auch ein flottes Verkehrsmittel. Wer morgens das Auto durch acht Rollen ersetzt, kommt oft schneller, in jedem Fall entspannter an den Arbeitsplatz. Wichtig: Zeit nehmen beim Skaten. Langsam rollen, damit das Gehirn genügend Sauerstoff erhält und Sie auch wirklich fit für den Arbeitsalltag sind.

Skaten macht Freu(n)de

Der schönste Grund, zum Skater zu werden: Sie haben superviel Spaß, lernen neue Menschen kennen. Gemeinsam kann man richtige Tagestouren auf Rollen ausarbeiten, zusammen an einer Blade-Night teilnehmen, Mannschaftsspiele auf Rollen oder sogar kleine Wettkämpfe organisieren.

Wer rastet, rostet

Der Winter ist kein Grund, sich auf die faule Haut zu legen. Weichen Sie auf Sportarten mit ähnlichen Bewegungsabläufen aus, zum Beispiel Walken. Ideal: Im Winter einfach auf Schlittschuhe umsteigen.

Und ein paar Gründe, mal nicht zu skaten

Dann sollten Sie die Skates unbedingt im Schrank lassen:

● bei Erkältungskrankheiten, Atemwegsinfektionen und Fieber. Schneller als Sie glauben, können Sie sich eine Lungen- oder Herzmuskelentzündung holen.

● Muskel- und Gelenkschmerzen, die durch die Bewegung nicht besser werden, sind ein Fall für den Arzt.

● Auch bei Bandscheibenvorfall, Hüftbeschwerden und Herz-Kreislauf-Problemen sollten Sie ärztlichen Rat einholen. Tipps fürs Training: bei erhöhtem Blutdruck nur mit mäßigem Tempo skaten; bei Wirbelsäulen- und Hüftproblemen ist es besonders wichtig, sich vor dem Training aufzuwärmen (Seite 30).

Safety first

Helm und Protektoren gehören einfach dazu.

Gut geschützt auf die Rolle

In der Unfallstatistik aller Sportarten belegt Inlineskating Platz 2 hinter Fußball. Schuld daran ist nicht selten eine mangelhafte Ausrüstung. An ihr sollte man auf keinen Fall sparen, weil Stürze besonders für Anfänger vorprogrammiert sind. Vor allem Kopf, Hände und Ellbogen sind gefährdet.

Die meisten »Bruchlandungen« enden allerdings glimpflich, wenn die komplette Schutzausrüstung getragen wird. Sie besteht aus sechs Protektoren, einem Helm und Reflektoren für Dämmerung und Nacht.

Polster für die Gelenke

Protektoren nennen Profis die Schutzpolster, die mit Klettverschlüssen um Handgelenke, Ellenbogen und Knie geschnallt werden.

● Die meisten Stürze werden mit den Händen abgefangen. Handgelenkschoner *(Wristguards)* leisten dabei gute Dienste durch eine speziell gebogene Schiene, die auf der Handinnenseite getragen wird. Sie stabilisiert beim Fallen die Handgelenke.

● Ellenbogenschützer *(Ellbowpads)* verhindern Schlimmeres, wenn man nach hinten fällt. Hochwertige Schoner sind atmungsaktiv, besitzen eine gute Passform und lassen trotzdem uneingeschränkte Bewegungsfreiheit.

● Ein Sturz auf die ungeschützten Knie kann besonders schlimme Folgen haben, weil sie mehr als zwei Drittel des gesamten Körpergewichts abfangen müssen. Wichtig ist deshalb, dass die Knieschützer *(Kneepads)* einen festen Halt bieten und ausreichend gepolstert sind.

Brauche ich einen Helm?

Kluge Köpfe skaten nie oben ohne. Gerade im Straßenverkehr und beim Fun-Skaten kann ein Schutzhelm Kopfverletzungen verhindern.

● Kunststoffhelme gibt es mit Weich- oder Hartschale. Die Hauptsache ist, dass der Helm perfekt am Kopf anliegt, ohne die Beweglichkeit einzuengen, und dass die Ohren frei bleiben. Außerdem sollte auf eine gute Belüftung und geringes Gewicht geachtet werden. Ein gut sitzender Fahrradhelm tut's auch.

Harte Schuhe, weicher Fall

Skater können wählen zwischen Hard- und Softboots.

● Hardboots besitzen eine herausnehmbare Innenschale und sind äußerst stabil. Dadurch bieten sie hervorragenden Schutz vor Stößen. Durch den Schnallenverschluss sind sie schnell anzuziehen und zu schließen. Außerdem weisen sie eine bessere Belüftung auf als Softboots.

● Der klare Vorteil der »Softies« liegt im Tragekomfort. Druckstellen am Fuß sind hier seltener zu beklagen. Weiche Boots sind bequemer und haben aufgrund der Schnürung eine optimale Passform. Allerdings kann sich beim Fahren ein schwammiges Gefühl einstellen.

● Eine gute Zwischenlösung sind Hybridboots aus Softschuh mit teilweiser Hartschale.

Welcher Schuhtyp der richtige ist, bleibt eine individuelle Entscheidung.

➤ Probieren Sie deshalb immer mehrere Fabrikate an, und laufen Sie im Laden damit herum.

➤ Achten Sie im Stehen darauf, dass die Boots an Innen- und Außenkante im Fußgelenk nicht stark einknicken. Sonst fehlt die Gelenkstabilität beim Laufen.

➤ Für den Freizeit-Skater ist es in jedem Fall notwendig, dass die Boots einen Stopper oder ein anderes Bremssystem aufweisen.

➤ Vergessen Sie nicht, die Schienen anzuschauen, in der die Rollen sitzen. Sie können aus Kunststoff oder Alu sein. Letzteres ist steifer und ermöglicht eine bessere Kraftübertragung. Personen mit einem Gewicht über 80 Kilogramm sollten sich dafür entscheiden. Testen Sie Kunststoffschienen immer auf ihre Stabilität: Die mittleren Rollen dürfen dem Daumendruck nicht nachgeben.

info:

KLEINE ROLLENKUNDE

● Skates mit je vier Rollen sind die Klassiker.

● Fünf Rollen an einer Schiene sind schneller und eignen sich vor allem für Speedskating und Wettkämpfe.

● »Mountainskates« besitzen drei große, luftgepolsterte Rollen pro Schuh. Sie ermöglichen den Kick abseits der Asphaltpisten. Die extragroßen Reifen laufen weich über Geröll und Steine. Spezielle Trommelbremsen sorgen auch in schwierigem Gelände für Bodenhaftung.

● Unter »Urbanskates« versteht man Schuhe, bei denen sich die Rollen mit einem Griff entfernen lassen. Das macht die Stiefel »salonfähig«.

● Die altbekannten Rollschuhe mit vier paarweise angeordneten Rollen sind wieder da. Sie heißen »Quads« oder »Roller Kitties«. Gut für die Roller-Disco und für Leute mit wenig Balancegefühl.

Rollenspiele

● Die Größe der Rollen richtet sich nach dem Fahrkönnen. Sie reicht von 50 bis 82 Millimeter.

Je größer die Rolle, desto besser die Laufruhe. Hohe Geschwindigkeiten können schneller erreicht werden. Dagegen garantieren kleine Rollen mehr Wendigkeit. Sie lassen sich leichter beschleunigen und erlauben flinke Manöver.

● Neben verschiedenen Farben werden auch unterschiedliche Härten und Oberflächen angeboten. Aggressive Fahrer bevorzugen harte Rollen, weiche Rollen sind auf unebenem Gelände besser geeignet.

● Da man Herstellungsgüte und Verarbeitungsqualität selbst nur schwer beurteilen kann, verlassen Sie sich am besten auf die Empfehlung eines Fachmannes.

Rollentausch

Um einen allzu häufigen Rollenkauf zu vermeiden, empfiehlt es sich, die Rollen an seinen Skates zu tauschen, bevor eine einseitige Abnutzung sichtbar wird. Vertauschen Sie: links-rechts, vorn-hinten, bisherige Innenseite nach außen weisend.

Sind alle Rollen abgenutzt, spürt man ein »unrundes« Gefühl beim Fahren. Dann ist es an der Zeit, sich einen Satz neuer »Reifen« zuzulegen.

Das richtige Outfit

Eine Kleiderordnung gibt es beim Inlineskating nicht.

● Erlaubt ist alles, was bequem ist. Anliegende Sachen sind praktischer, weil sich die Protektoren darüber leichter befestigen lassen.

● Sinnvoll sind dünne, leichte Kleidungsstücke, am besten atmungsaktive.

Im Sommer kann es die Bikerhose und ein T-Shirt sein. In der kälteren Jahreszeit lieber mehrere Teile übereinander tragen, die man bei Bedarf ausziehen und beim Training um die Hüfte binden kann.

Willkommen in der
Skater-Schule

Kurse für Einsteiger und Fortgeschrittene

Flotte 50 Stundenkilometer können Sie auf den kleinen Rollen erreichen. Das Laufen mit Skates ist schnell gelernt, vor allem für den, der bereits Eislauf-Erfahrung mitbringt.

Doch ohne richtiges Bremsen und sanfte Sturztechniken kommt man nicht aus. Schon deshalb empfehlen sich Skater-Kurse für Anfänger. Mit Anleitung und individueller Korrektur durch einen Lehrer lernen Sie's von Anfang an richtig und werden den Bogen schnell raus haben. Auch Fortgeschrittene können in entsprechenden Trainings an ihrem Fahrstil feilen. Sogar Tanz-, Aerobic-, Hockey- und Marathon-Kurse auf Rollen werden angeboten. Bei schlechtem Wetter können einige Schulen sogar auf einen Indoor-Parcours aus-weichen. Und im Sommer geht es in den »Blade-Nights« gemeinsam auf nächtliche Tour durch die Stadt. Inlineskating-Schulen gibt es inzwischen überall (Tipps siehe Seite 46). So genannte College-Stützpunkte werden auch von Sportartikelherstel-lern angeboten. Für einen perfekten Einstieg benötigt man je nach Vor-erfahrung zwischen sechs und zehn Doppelstunden à 90 Minuten. Das verteilt sich meist auf zwei bis drei Kurse.

Wegweiser für eine gute Schule

Eine gute Schule erkennt man daran, dass …

● eine persönliche Beratung stattfindet, bei der nach den sportlichen Fähigkeiten ge-fragt und der geeignete Kurs empfohlen wird.

● die Lehrer eine solide Aus-bildung durch Universitäten oder Fachverbände sowie Unterrichtserfahrung haben.

● das Kursangebot klar ge-gliedert ist und mehrere, auf-einander aufbauende Kurse bietet.

● jeder Kurs ein Schwer-punktthema beinhaltet und nicht alles auf einmal vermit-teln will.

● die Schule gegen Trai-ningsunfälle versichert ist.

● bei Regen ein Ausweich-termin oder eine überdachte Halle angeboten wird.

● man Inline-Skates und Schutzausrüstung vor Ort ausleihen kann.

info:

UND WAS KOSTET DAS GANZE?

Inlineskates	100–300 Euro
Protektoren pro Paar	circa 25 Euro
Schutzhelm	circa 50 Euro
Skater-Kurs	40 bis 70 Euro

Basis
für Anfänger

Die perfekte Haltung

Bevor es ans Gleiten geht, ist es wichtig, die optimale Grundhaltung zu trainieren. Sie ist ähnlich wie beim Walken oder Schlittschuhfahren.

Immer auf dem Sprung

Die Körperhaltung eines Skaters erinnert an einen Tiger, bereit für den Sprung.

1. Die Füße stehen hüftbreit auseinander. Ihre Körpermitte befindet sich exakt über den mittleren Rollen. Das Gewicht verteilt sich dabei gleichmäßig auf die Skates.
2. Beugen Sie den Oberkörper leicht nach vorn, und bringen Sie alle Gelenke wie Sprung-, Knie- und Hüftgelenke in eine leicht gebeugte, federnde Haltung.
3. Schieben Sie die Schultern in Richtung Boden, und ziehen Sie die Schulterblätter zur Wirbelsäule zusammen. Der Rücken bleibt gerade.

4. Anfänger können die angewinkelten Arme locker vor dem Körper halten und leichte Fäuste machen. Genauso gut können Sie die Hände in die Taille stützen. Am professionellsten sieht es aus, wenn Sie die Hände hinter dem Rücken verschränken.
5. Um nicht an der nächsten Laterne zu landen, sollten Sie beim Skaten immer geradeaus blicken, nicht nach unten auf den Boden. Am besten suchen Sie sich stets einen Fixpunkt in Augenhöhe.

Muskeln anspannen

6. Unerlässlich beim Skaten: die Bauchmuskeln kräftig anspannen. Das verleiht dem Körper Stabilität.

Einfacher klappt's mit einem Trick: Stellen Sie sich vor, Ihr Bauch sei ein Schaumstoffball, den Sie bei der Ausatmung fest zusammendrücken. Weiteratmen, Spannung halten. So bleibt auch das Becken stabil und schaukelt später beim Gleiten nicht wild hin und her.

Immer im Gleichgewicht

Effizientes Skaten erfordert ein ausgeprägtes Gleichgewichtsgefühl, weil lange Gleit- und Rollphasen auf einem Bein stattfinden.
➤ Um ein Gefühl für die Gewichtsverlagerung zu bekommen, verschieben Sie Ihr Gewicht seitlich von einem Skate auf den anderen.

Haben Sie Balance-Probleme und geraten schnell aus dem Gleichgewicht, versuchen Sie es mit einer »Trockenübung«:
➤ Üben Sie das einbeinige Stehen zunächst ohne Skates. 60 Sekunden lang sollten Sie die Position halten. Erschwerte Bedingung: geschlossene Augen. Mindestens 15 Sekunden sollten Sie durchhalten können.

Haltung bewahren

➤ Halten Sie sich an einem Geländer fest, und gehen Sie auf Skates langsam in die Knie. Während Sie diese Übung mehrmals wiederholen, entwickeln Sie ein Gefühl für Ihre optimale Haltung.

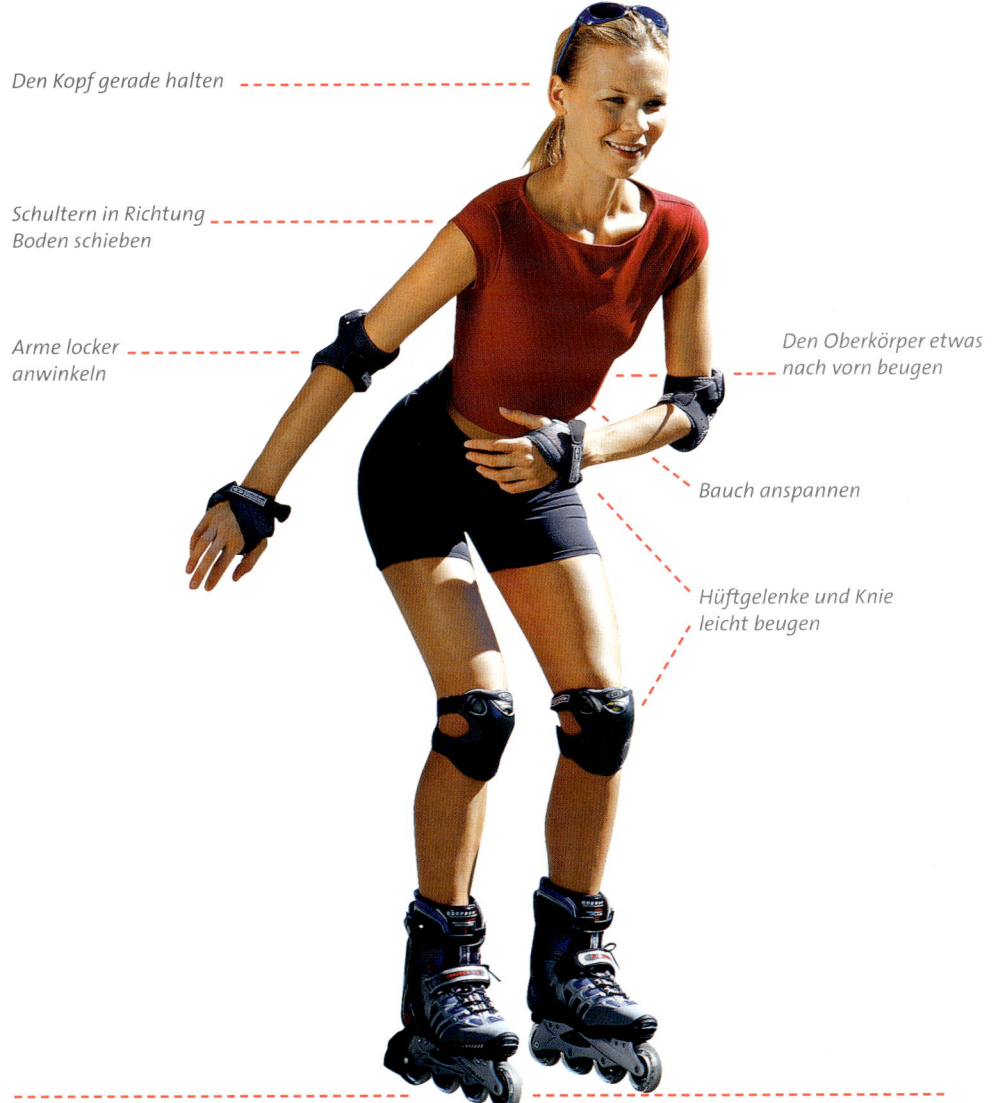

Den Kopf gerade halten

Schultern in Richtung
Boden schieben

Arme locker
anwinkeln

Den Oberkörper etwas
nach vorn beugen

Bauch anspannen

Hüftgelenke und Knie
leicht beugen

Die ersten Schritte ...

In Schwung kommen

Die Skating-Bewegung erfolgt immer zur Seite, nicht wie bei den guten, alten Rollschuhen nach vorn.

Der Grundschritt

1. In der Grundposition richten Sie die Fußspitzen leicht nach außen (V-Form).
2. Stoßen Sie sich über die Schuh-Innenkante betont zur Seite ab. Das Gleitbein ist immer leicht gebeugt, das Abstoßbein zieht seitlich nach hinten weg.
3. Indem Sie seitlich von einem Skate auf den anderen kippen, gelangen Sie fast wie von selbst in Vorwärtsfahrt. Stoßen Sie sich dabei bewusst ab, und gleiten Sie möglichst lange auf einem Bein. Nicht ins »Rollerfahren« geraten!

Im Rhythmus bleiben

Ein harmonischer Skating-Rhythmus besteht aus Abstoßen rechts, Gleiten links, Abstoßen links, Gleiten rechts.

4. Ziehen Sie nach jedem »Schritt« das Abstoßbein sofort wieder ans Gleitbein heran, um für den nächsten Schritt bereit zu sein.
5. Achten Sie darauf, dass Ihr Schwerpunkt nicht zu weit hinter dem Gleitskate bleibt, sondern bringen Sie ihn nach vorn in die neue Abstoßrichtung.
6. Für mehr Sicherheit und einen verlängerten Abstoß ist

es hilfreich, das Gleitbein gebeugt aufzusetzen. Der Körperschwerpunkt liegt dabei genau über dem gleitenden Skate.
Befinden Sie sich in der idealen Position, sind Fußspitze und Knie auf einer Linie.

Feeling fürs Gewicht

Eine gekonnte Gewichtsverlagerung ist die Basis fürs Rollen, Gleiten und Bogenfahren.

Grundschritt 1: Die Fußspitzen sind etwas nach außen gerichtet (V-Form).

Grundschritt 2: über die Schuh-Innenkante betont zur Seite hin abstoßen.

Tempo drosseln

Erste Hilfe: Wenn die Skates im Begriff sind, viel zu schnell zu werden, hilft es, das Gewicht nach vorn über die Schuhe zu schieben. Dann können die flotten Untersätze nicht einfach davonrollen.

Einbeinrollen

1. Wenn Sie auf einem Bein rollen, liegt Ihr ganzes Gewicht auf diesem Gleitbein. Richten Sie Ihren Oberkörper dabei auf.

Grundschritt 4: nach jedem »Schritt« das Abstoßbein sofort ans Gleitbein heranziehen.

2. Lassen Sie das Abstoßbein in gestreckter Haltung bis an das Gleitbein heranpendeln. Rollen Sie so lange wie möglich auf einem Bein.

3. Um aus diesem aktiven Gleiten in einen neuen Skate-Schritt zu wechseln, lassen Sie sich wieder in die Grundposition »zurückfallen«. Dadurch gewinnen Sie eine bessere Balance und mehr Sicherheit für den nächsten Abstoß.

Bogenfahren

Ein frei laufender Hund oder ein anderer Skater kreuzt plötzlich vor Ihnen auf: Nicht immer kann man rechtzeitig bremsen. Dann heißt es ausweichen, indem man einen großen Bogen fährt. Und das ist ganz einfach:

1. Lehnen Sie sich in die Kurve – ähnlich wie Sie ein Fahrrad lenken würden –, und kippen Sie beide Skates zur Bogenmitte.

2. Für mehr Stabilität gehen Sie in eine leicht geöffnete Schrittstellung.

tipp:

DER TRICK DABEI …

Ideal für erste Laufversuche: ein leerer Supermarkt-Parkplatz nach Geschäftsschluss.

➤ Beginnen Sie mit kleinen Schritten und kurzen Gleitphasen. Verlängern Sie die Gleitphasen allmählich.

➤ Erhöhen Sie durch kräftigeres Abstoßen die Geschwindigkeit. Gehen Sie dafür tiefer in die Knie.

➤ Halten Sie den Oberkörper ruhig, und vergessen Sie die Bauchspannung nicht.

➤ Steht es mit Ihrem Gleichgewichtssinn nicht zum Besten, ziehen Sie erst mal nur einen Skate an und lassen am anderen Fuß den normalen Schuh. Gleiten Sie möglichst lange auf einem Bein. Nach einiger Zeit wechseln Sie die Seite.

➤ Hindernisse zu umfahren üben Sie am besten auf Asphalt: zum Beispiel einem Kanaldeckel ausweichen. Den können Sie gefahrlos überrollen, wenn Sie nicht rechtzeitig den Bogen kriegen.

Fallen
will geübt sein!

Und schnell wieder aufstehen auch!

Wenn schon stürzen, dann zumindest richtig. Die Protektoren allein bieten nicht genügend Schutz, wenn Sie nicht gleichzeitig die Falltechniken beherrschen. Die sollten Sie unbedingt trainieren. Je besser Sie das Fallen beherrschen, desto weniger Angst haben Sie und desto unverkrampfter fahren Sie.

➤ Üben Sie anfangs ohne Skates, aber mit kompletter Schutzausrüstung – auf einem weichen Untergrund, zum Beispiel auf Rasen. Üben Sie alle Fallbewegungen aus dem Vorwärtsgehen heraus. Halten Sie dabei die Spannung im Körper.

Im Ernstfall klein machen

So funktioniert jede Sturztechnik am besten:
➤ Sobald Sie zu fallen drohen, kauern Sie sich über

Sturz nach vorn: Oberkörper mit den Unterarmen abfangen.

Ihren Skates zusammen. Diesen Reflex sollten Sie sorgfältig trainieren, weil er das Verletzungsrisiko deutlich minimiert. Der Schwerpunkt des Körpers wird dabei so weit nach unten abgesenkt, dass sich ein Sturz unter Umständen sogar vermeiden lässt. Auch wenn Sie ihn nicht mehr auffangen können, ist es nur halb so schlimm, weil die Distanz zum Boden nicht mehr so groß ist.

Nach vorn stürzen

Diese Sturzbewegung muss konsequent gelernt werden, weil sie dem natürlichen Reflex entgegenläuft. Normalerweise würden wir den Oberkörper aufrichten, wenn ein Sturz droht. Stattdessen tun Sie genau das Gegenteil:
➤ Machen Sie sich klein, bis Ihre Knieschützer Bodenkontakt haben. Strecken Sie zugleich die Hände mit gespreizten Fingern weit nach vorn, und fangen Sie den Oberkörper mit den Unterarmen, auf Hand- und Ellenbogenschützern rutschend, ab. Heben Sie den Kopf unbedingt an, um das Kinn zu schützen.

Po-Landung

Sie merken, dass es mit dem Sturz nach vorn nicht mehr klappt und es zur Po-Landung kommt?

➤ Machen Sie unbedingt den Rücken rund. Dazu schieben Sie das Kinn nach unten und knicken in den Knien ein. Mit diesem »Notprogramm« verringern Sie die Sturzhöhe und schützen den Hinterkopf.

Der Sturz zur Seite

… kommt statistisch gesehen am häufigsten vor. Fallen Sie seitlich nach vorn, stehen die Chancen gut, wieder in die »normale« Sturzposition zu gelangen. Dazu müssen Sie sich in der Fallbewegung nur minimal drehen.

➤ Auch beim Sturz zur Seite ist das »Kleinmachen« die Grundvoraussetzung für eine glückliche Landung. Drehen Sie das Knie auf der Fallseite etwas nach außen. Nahezu gleichzeitig kommen Sie auf dem Knieschützer, dem Ellenbogen- und dem

Aufstehen 2: Hände auf dem Oberschenkel abstützen.

Handgelenksschützer des angewinkelten Arms auf. Ziehen Sie den Kopf zur Brust, und rollen Sie über Schulter und Rücken ab.

Nichts riskieren!

➤ In keinem Fall sollten Sie versuchen, einen Sturz nur mit den Händen abzufangen.

Dabei kommt es unweigerlich zum senkrechten Aufprall, bei dem Handgelenke, Arme und Schultern gestaucht werden. Schlimmstenfalls riskieren Sie einen Bruch an Handgelenken oder Unterarmen

oder eine Gelenksprengung an der Schulter.

Easy aufstehen

Wie stehen Sie nach einem Sturz wieder auf?

➤ Halten Sie sich anfangs an einem Geländer oder einem standsicheren Partner fest.

Was aber tun, wenn weit und breit kein Zaunpfahl in der Nähe ist und keine helfende Hand? Kein Problem:

1. Knien Sie sich immer zuerst hin, und stellen Sie einen Skate auf die Rollen.
2. Stützen Sie sich mit beiden Händen fest auf dem Oberschenkel des aufgestellten Beines ab. Richten Sie den Oberkörper auf, indem Sie die Ellbogen durchstrecken.
3. Stellen Sie währenddessen den zweiten Fuß auf.
4. Sobald Sie wieder auf beiden Skates stehen, können Sie sich vollends aufrichten.
5. Haben Sie Schwierigkeiten, sich auf glattem Asphalt aufzurichten? Dann »robben« Sie zur nächsten Grünfläche.

Superwichtig:
Bremsen!

So kommen Sie sicher zum Stehen

Immer wieder hört man, dass jemand behauptet: Skaten kann ich, nur bremsen nicht. Falsch! Wer nicht zumindest eine Bremstechnik perfekt beherrscht, kann nicht skaten. Er ist eine Gefahr für sich und die anderen. Für den Anfänger bieten sich mehrere Bremstechniken an: Heel-Stop, T-Stop und Schneepflugbremse. Voraussetzung für alle drei ist das sichere Balancieren auf einem Bein.

Heel-Stop

Hier bremsen Sie einfach mit dem Stopper an der Ferse des Skates. Der Heel-Stop kann auf jedem Untergrund angewendet werden und ist die beste Methode, um auf der Straße zu bremsen.

1. Bevor Sie den Bremsvorgang einleiten, gehen Sie tief in die Knie und schieben das

Heel-Stop: Bremsen mit dem Stopper an der Ferse des Skates.

T-Stop: den hinteren Skate im 90-Grad-Winkel schleifen lassen.

Bein mit dem Stopper nach vorn. Noch sind alle Rollen am Boden.
2. Verlagern Sie das Gewicht mehr auf das hintere Bein, heben Sie dann die Spitze des »Bremsskates« an, und drücken Sie den Stopper gegen den Asphalt.

T-Stop

Er ist eher dazu geeignet, die Geschwindigkeit zu reduzieren, als eine Vollbremsung hinzulegen. Skater mit Knieproblemen sollten diese Technik besser vermeiden, weil

dabei Innenband und Innenmeniskus stark beansprucht werden. Außerdem nutzen sich durch das Schleifen über den Asphalt die Rollen des Bremsskates schneller ab.

1. Schieben Sie die Füße etwas mehr als hüftbreit auseinander, und verlagern Sie das Gewicht auf das vordere, gebeugte Gleitbein.
2. Lassen Sie das hintere Bein wie beim Abstoß hinter dem Gleitbein schleifen, und setzen Sie den Skate mit der Innenkante im 90-Grad-Winkel

Schneepflugbremse: Innenkanten belasten und V-förmig ausrollen.

auf. Lassen Sie die Rollen bis zum Stillstand schleifen.

Schneepflugbremse

Für Skifahrer nichts Unbekanntes. Anfänger können sich damit aus einer kniffligen Situation retten, wenn sie den Stand auf einem Bein noch nicht sicher beherrschen. Zur Dauereinrichtung sollte der »Schneepflug« allerdings nicht werden, weil die vorwärts-einwärts gedrehte Position beider Beine die Hüft-, Knie- und Fußgelenke ungünstig belastet.

1. Belasten Sie in der langsamen Vorwärtsfahrt beide Skates gleichmäßig, und drehen Sie die Knie nach innen (eine Position, die ansonsten beim Skaten tabu ist!). Dabei kippen die Skates auf die Innenkante, die Spitzen rollen aufeinander zu.

2. Geben Sie gleichmäßigen Druck auf die beiden Innenkanten – dadurch verringert sich das Tempo bis zum endgültigen Halt.

Bremsen für Profis

Power-Slide
Er garantiert den kürzesten Bremsweg.
➤ Drehen Sie das Gleitbein auf Rückwärtsfahrt. Das andere, gestreckte Bein schieben Sie mit Druck so weit nach außen, dass die Rolleninnenkanten über den Boden schaben.

Spin-Stop
➤ Leiten Sie die Drehung ein, indem Sie den hinteren Skate leicht anheben und nur seine vordere Rolle quer zur Fahrtrichtung aufsetzen. Er rollt dann in Rückwärtsposition. Beide Skates beschreiben sozusagen einen Halbmondbogen: Der vordere Skate rollt vorwärts, der andere rückwärts.

Jetzt geht's richtig los!

Das bringt Tempo

Um auf den Skates richtig in Fahrt zu kommen, gibt es die Technik des »Übersetzens«.

Beschleunigung durch Übersetzen

1. Im Vorwärtsgleiten öffnen Sie die Beine schulterbreit. Das Gewicht liegt voll auf dem Gleitbein.
2. Kippen Sie den äußeren Skate, der den Bogen fahren soll, auf die Innenkante und den inneren Skate (Gleitbein) auf die Außenkante.
3. Setzen Sie das bogenäußere Bein nach dem Abstoß – ohne es anzuheben – diagonal vor das bogeninnere Bein, und verlagern Sie Ihr Gewicht in Kurvenrichtung.

➤ Üben Sie das Übersetzen zuerst im Stehen. Setzen Sie dabei den rechten Skate über den linken.
Für mehr Standfestigkeit nehmen Sie einen Besenstiel oder Skistock zu Hilfe.

Das Ganze rückwärts

Rückwärtslaufen macht zwar riesig Spaß, allerdings ist es anfangs etwas schwierig, weil die Sicht nach hinten doch sehr eingeschränkt ist.

Sanduhrlaufen

1. Die Ausgangsposition entspricht der V-Stellung beim Schneepflug (Seite 19). Beugen Sie die Knie, und schieben Sie den Po etwas nach hinten, als wollten Sie sich auf einen Stuhl setzen – dadurch lässt sich der Körperschwerpunkt leichter hinter die Skates verlagern.
2. Um rückwärts Fahrt aufzunehmen, geben Sie Druck auf beide Innenkanten. Jeder Fuß beschreibt einen Halbkreis nach hinten.
3. Nun richten Sie den Oberkörper auf, drücken die Skates in Richtung Außenkante und führen sie zusammen.

Das Bewegungsmuster von Druckphase (Skates auseinander) und Zugphase (Skates zusammen) beschreibt am Boden das Muster einer Sanduhr.

Beschleunigung durch Übersetzen 3: Das bogenäußere Bein nach dem Abstoß diagonal vor das bogeninnere Bein setzen.

Rückwärts Sanduhrlaufen 2: Druck auf beide Innenkanten.

Sanduhrlaufen 3: Außenkanten belasten und zusammenführen.

Schneller mit dem C-Cut

1. Fahren Sie abwechselnd mit dem rechten und dem linken Bein einen Bogen. Sie bewegen sich dabei schlangenartig rückwärts, vergleichbar mit einem einbeinigen Sanduhrlaufen.

Rückwärtsübersetzen

1. Fahren Sie einen engen Bogen abwechselnd nach rechts und nach links.
2. Kreuzen Sie den bogenäußeren Skate vor dem inneren.
3. Heben Sie dann das Gleitbein an, und setzen Sie es

wiederum nach innen. Der Blick geht über die Schulter.

Rückwärtsstopp

Zum Bremsen können Sie sich in die Vorwärtsfahrt drehen. Oder Sie bremsen aus dem Rückwärtslaufen – aber nur bei geringem Tempo (!):
1. Dazu verringern Sie das Tempo und lassen die Skates mit den Fersen V-förmig zusammenrollen.
2. Zum Ausbalancieren gehen Sie leicht in die Hocke und beugen den Oberkörper nach vorn.

So drehen Sie sich während der Fahrt

Jetzt geht es darum, möglichst elegant und schnell vom Vorwärts- ins Rückwärtsfahren zu wechseln. Es empfiehlt sich, mit den einfacheren Varianten zu beginnen, bevor Sie sich an kompliziertere Drehungen wagen.

Umsteigen

1. Sie rollen vorwärts (oder rückwärts) in einem Bogen und drehen den inneren Skate auf der hinteren Rolle in die neue Fahrtrichtung.
2. Verlagern Sie das Gewicht auf dieses Bein, und drücken Sie sich mit dem Außenbein kräftig ab.

tipp:

DER TRICK DABEI …

➤ Gewöhnen Sie sich von Anfang an den Schulterblick an. Niemals auf die Schuhe schauen!

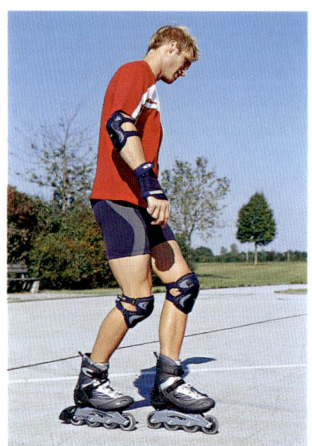

Umschwenken 1: Linksbogen einleiten, Schrittstellung.

Umschwenken 2: nach dem halben Bogen nach rechts kippen, ...

... linken Fuß zurückziehen, rückwärts weiterrollen.

Umschleifen

Das funktioniert ähnlich wie der T-Stop (Seite 18).

1. Ein Skate wird im 90-Grad-Winkel nachgeschleift.
2. Dann folgen Sie dem Drehimpuls und drehen den vorderen Skate auf der Spitze.

Umschwenken

1. Leiten Sie in der Vorwärtsfahrt einen Linksbogen ein. Kippen Sie in Schrittstellung in die Kurve.
2. Nach dem halben Bogen kippen Sie nach rechts und ziehen den linken Fuß zu-

rück. Mit kurzer Verzögerung ziehen Sie den rechten Fuß nach und belasten ihn dabei in Richtung Außenkante.

Rollen Sie rückwärts in einem Rechtsbogen wieder in Fahrtrichtung.

info:

DER TRICK DABEI ...

➤ Führen Sie beim Umsteigen und beim Umschwenken die Wendebewegung möglichst zügig aus.

➤ Lassen Sie sich von einem Partner helfen: Sie postieren ihn genau dort, wo Sie drehen möchten, neben Ihrer Fahrspur. Dort leiten Sie die Drehung ein und reichen ihm dabei die Hände.

➤ Als Vorübung für den Umkehrsprung versuchen Sie zuerst Mini-Sprünge im Stand und Geradeausfahren.

➤ Springen Sie immer aus der Beugung heraus, dann erst den Körper strecken.

Umkehrsprung 1: zum Absprung tief in die Knie gehen.

Umkehrsprung 2/3: hochspringen, sich strecken und drehen.

Umkehrsprung 4: in Fahrtrichtung rückwärts landen.

Sie können die Drehung natürlich genauso mit einem Rechtsbogen einleiten.

Umkehrsprung

Die eleganteste Variante für eine Drehung, die aber auch den meisten Mut erfordert. Dabei müssen Sie sich nämlich mitsamt den Skates in der Luft um genau 180 Grad drehen.

1. Gesprungen wird aus dem Vorwärtslauf. Gehen Sie zum Absprung tief in die Knie, und beugen Sie den Oberkörper betont nach vorn.

2. Springen Sie mit allen Rollen gleichzeitig hoch. Strecken Sie sich dabei, um mehr Schwung zu bekommen.
3. Drehen Sie sich konzentriert um die eigene Achse, den Kopf schon in der neuen Richtung. Unterstützen Sie die Drehung mit den angewinkelten Armen.
4. Sie landen in der Rückwärtsfahrt. Um nicht aus dem Gleichgewicht zu kommen, ist es wichtig, die Landung abzufedern, indem Sie Oberkörper und Knie beugen.

Über die Spitzen drehen

Wer sich das dynamische Umspringen noch nicht zutraut, versucht zuerst die Drehung über die Spitzen.

1. Gehen Sie in eine leichte Schrittstellung. Um rechtsrum zu drehen, fahren Sie den linken Fuß nach vorn.
2. Strecken Sie die Knie. Heben Sie die hinteren Rollen kurz vom Boden ab, blicken Sie dabei in die Drehrichtung, und drehen Sie auf den vorderen Rollen. Geben Sie nach geglückter Wendung in den Knien weich nach.

Über Stock & Stein

So meistern Sie alle Hindernisse

Glatte, saubere Pisten sind der Traum eines jeden Skaters. Die Wirklichkeit sieht jedoch meist anders aus. Immer wieder sind neue Hindernisse am Boden zu bewältigen. Am unangenehmsten ist das holprige Kopfsteinpflaster. Aber auch Bordsteine, Verschmutzungen oder Nässe stören das Rollvergnügen.

Rutschpartie bei Regen

Wenn es regnet, bleiben die Skates besser zu Hause. Denn sowohl beim Abstoß wie beim Bremsen oder Kurvenfahren besteht allerhöchste Rutschgefahr.

➤ Deshalb bei Nässe runter mit dem Tempo und keine zu engen Bögen fahren. Gefühlvoll abstoßen und das entsprechende Bein nie voll durchstrecken.

➤ Bei kurzen verschmutzten Fahrbahnabschnitten stellen Sie die Skates parallel und gehen tief in die Knie, um die »Problemzone« ohne Risiko zu durchrollen.

Auf Holperkurs

Kopfsteinpflaster ist eine echte Holperpartie und stellt

tipp:

SEIEN SIE FLEXIBEL

➤ Sind die Straßen nass, muss Ihr Training nicht ausfallen. Walken Sie einfach. Das ist ebenso effektiv, aber wesentlich »trittsicherer«, und deshalb bei jedem Wetter durchführbar.

➤ Seien Sie flexibel beim Skaten, und versteifen Sie sich nicht auf eine bestimmte Route oder ein bestimmtes Tempo. Sind zu viele Hindernisse im Weg, ist es klüger, auf eine andere Tour auszuweichen.

➤ Passen Sie Ihr Fahrtempo unbedingt den Straßenbedingungen an!

erhöhte Anforderungen an die Balance.

➤ Auch hier gilt: Ist die Strecke nur kurz, klein machen, Fuß-, Knie- und Hüftgelenke anwinkeln und mit etwas Tempo über die kritische Stelle rollen.

➤ Haben Sie das Gefühl, mehr Standsicherheit zu brauchen, dann führen Sie die Skates etwa schulterbreit und verteilen das Gewicht gleichmäßig auf alle Rollen. Vorsichtshalber sollten Sie jederzeit damit rechnen, dass ein Skate an einem »Stolperstein« hängen bleiben kann.

Treppauf, treppab

➤ Beim Treppaufsteigen setzen Sie am besten nur die vordersten Rollen auf, gehen also »auf Zehenspitzen«.

➤ Treppab gestaltet sich etwas komplizierter. Sind die Stufen flach, kann es trotzdem richtig Spaß machen.

1. Führen Sie die Skates wie bei jedem Hindernis schulterbreit und in Schrittstellung.

Treppab: festhalten – und Stufe für Stufe rückwärts hinabsteigen. Auf einer breiteren Treppe können Sie auch im Zickzackkurs runterfahren.

Fahren Sie die Treppe langsam rückwärts an, belasten Sie alle Rollen gleichmäßig. Halten Sie sich zur Sicherheit locker am Geländer fest.

2. Stellen Sie ein Bein nach hinten auf die nächste Stufe. Verlagern Sie das Gewicht dorthin, und setzen Sie dann erst den zweiten Skate nach. Haben Sie die Balance wieder, geht's weiter: Fuß um Fuß , Stufe um Stufe, bis das Ende der Treppe erreicht ist.

3. Ist die Treppe breit genug, um parallel zu den Stufen zu fahren, können Sie auch im Zickzackkurs hinunterfahren. Dazu steigen Sie am Ende jeder Stufe um (Seite 21) und rollen in die andere Richtung.

Gekonnt über Kanten

1. Fahren Sie parallel zum Bordstein, und reduzieren Sie Ihre Geschwindigkeit.

2. Entlasten Sie den Fuß, der der Bordsteinkante näher ist,

und setzen Sie ihn nach oben oder unten.

3. Eine deutliche Gewichtsverlagerung auf diesen Skate ist nun wichtig, um den anderen Fuß problemlos nachsetzen zu können.

info:

SIND SIE GUT VERSICHERT?

Inlineskater sind im Sinne der Straßenverkehrsordnung Fußgänger (Seite 10). Verhalten und Geschwindigkeit müssen den Ortsverhältnissen angepasst werden.

Wer trotzdem mal einen unschuldigen Fußgänger in die Knie zwingt, sollte versichert sein. Solche Schäden deckt eine private Haftpflichtversicherung. Voraussetzung für die Deckung ist allerdings, dass man weder vorsätzlich noch grob fahrlässig gehandelt hat. Darunter versteht manche Versicherung schon ein zu flottes Tempo!

»Kinder« sind übrigens bis zum Ende ihrer Ausbildung bei den Eltern mitversichert.

Topfit
auf der Rolle

Die besten Tipps fürs Training

Sie wollen nicht nur just for fun skaten, sondern gezielt Fitness und Figur trainieren? Dann machen Sie sich hier schlau über alles, was den Erfolg garantiert: die ideale Pulsfrequenz, Warm-up & Cooldown, Skate-Figuren mit BBP-Effekt, gezielter Muskelaufbau und Konditionstraining nach Plan.

Trainieren mit Taktgefühl

Errechnen Sie Ihre ideale Herzfrequenz

Ob man es Puls- oder Herzfrequenz nennt, gemeint ist das Gleiche: die Pulsschläge, die anzeigen, wie oft sich das Herz in einer Minute zusammenzieht. Gemessen wird sie mit Zeige- und Mittelfinger am Handgelenk oder an der Halsschlagader.

Stimmt Ihr Puls?

Am Limit zu trainieren, mit äußerster Anstrengung und sehr hoher Herzfrequenz, ist weder gesund noch sinnvoll. Man powert sich total aus, ist hinterher müde und kann sich nur schlecht konzentrieren. Bei der Fettverbrennung tut sich so gar nichts. Sportmediziner haben eine Formel entwickelt, nach der sich die optimale Herzfrequenz errechnen lässt. Um den individuell richtigen Trainingspuls herauszufinden, müssen Sie zuerst Ihre

maximale Herzfrequenz kennen. Es ist die höchstmögliche Schlagzahl des Herzens unter Belastung.

Die maximale Herzfrequenz

● Frauen: 226 minus Lebensalter ergibt den maximalen Pulsschlag. Bei einer 30-Jährigen liegt die maximale Herzfrequenz also bei 196.

● Männer: 220 minus Lebensalter. Ein 30-Jähriger hat demnach eine maximale Herzfrequenz von 190.

Sie wollen es genau wissen?

Einfacher und zuverlässiger lässt sich die ideale Trainingsintensität mit einem Herzfrequenzmesser ermitteln. Er besteht aus Pulsuhr und Brustgurt. Der Gurt mit eingebautem Sender wird um den Brustkorb geschnallt und registriert den Herzschlag. Die Pulsuhr am Handgelenk nimmt das Signal auf und zeigt den aktuellen Puls an. Manche Modelle errechnen auch die ideale Herzfrequenz.

Sie wollen Ihre Kondition verbessern

➤ Um einfach nur gesund und fit zu bleiben oder zu werden, trainiert man mit 70 bis 80 Prozent seiner maximalen Herzfrequenz. Um bei unserem Beispiel einer

Herzschläge pro Minute

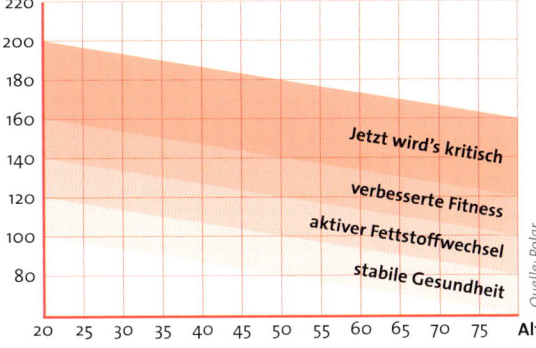

Je älter Sie werden, desto niedriger die ideale Herzfrequenz.

Quelle: Polar

30-jährigen Frau zu bleiben, müsste sich ihr Puls zwischen 137 und 156 bewegen.

Sie wollen abnehmen

➤ Bei einem Trainingspuls von etwa 60 bis 70 Prozent der maximalen Herzfrequenz schmilzt das Körperfett – bei einer 30-Jährigen 117 bis 137 Pulsschläge pro Minute.

Fettdepots werden in einem komplizierten biochemischen Prozess in Energie umgewandelt und damit abgebaut. Durch Muskelarbeit und tiefere Atmung wird der Fettstoffwechsel angeheizt. Wenn Sie losskaten, werden zunächst die Energielieferanten im Blut aufgebraucht. Dann erst geht es an die Vorräte. Etwas Ausdauer ist also angesagt, aber kein Power-Skaten. Steigt Ihr Puls über 70 Prozent der maximalen Herzfrequenz, verbrennt der Körper mehr Kohlenhydrate – und das Fett bleibt. Das Tolle am Skaten: Sie können stundenlang im optimalen Fettstoffwechselbereich trainieren.

Wie ist es um Ihre Beweglichkeit, Ausdauer und Kraft bestellt? Wie geht es Ihnen also bei den folgenden Übungen?

Kreuzen Sie die passende Antwort an.

BEWEGLICHKEIT

1. Stellen Sie sich aufrecht hin. Die Beine sind gestreckt und bleiben es während der gesamten Übung.

2. Beugen Sie den Oberkörper nach vorn, und versuchen Sie, mit den Fingerspitzen Ihre Zehen zu berühren.

A Kein Problem. Ich erreiche die Zehen sogar mit den Handflächen.

B Knapp, aber meine Fingerspitzen berühren die Zehen.

C Keine Chance, mir fehlen mehr als fünf Zentimeter. Dafür zieht es gewaltig in Waden und Oberschenkeln.

AUSDAUER

Für diese Übung benötigen Sie eine Stoppuhr.

1. Steigen Sie 30-mal pro Minute eine Stufe hinauf und

Wie fit
Macher

Skaten bringt Sie schnell in Topform – wenn Sie sich nicht überfordern. Testen Sie deshalb erst mal Ihren derzeitigen Fitnesslevel.

wieder herab. Tun Sie das drei Minuten lang.

2. Fühlen Sie danach Ihren Puls.

Wie viele Herzschläge pro Minuten zählen Sie?

A 70 bis 85 Schläge. Es hat mich kaum angestrengt.

B 80 bis 105 Schläge. Mein Atem ist beschleunigt, und ich spüre auch mein Herz klopfen, fühle mich aber fit.

C 105 bis 140 Schläge. Das war zu viel für mich, ich bin ziemlich k.o.

sind Sie?

Sie den Test

nicht, und nutzen Sie die Tipps auf den folgenden Seiten, um Kondition und Kraft langsam, aber sicher zu steigern. Je regelmäßiger Sie sporteln, desto mehr Spaß macht es!

KRAFT

1. Legen Sie sich auf den Rücken, die Unterschenkel auf einen Hocker oder aufs Sofa. Verschränken Sie die Hände im Nacken.

2. Heben Sie den Oberkörper so weit an, dass die Schulterblätter den Boden nicht mehr berühren. Ziehen Sie die Ellenbogen nach hinten.

Zählen Sie mit, wie lange Sie den Oberkörper in dieser Stellung halten können.

A Ich kann locker mehr als 20 Sekunden durchhalten.

B Mehr als 10 bis 20 Sekunden schaffe ich beim besten Willen nicht.

C Mich verlässt die Kraft schon, bevor ich bis zehn gezählt habe.

DIE AUSWERTUNG

Sind Sie topfit und leistungsstark, oder ist Ihr Fitnesslevel ziemlich im Keller? Welchen Buchstaben haben Sie am häufigsten angekreuzt? Das ist Ihr Fitness-Stand:

VORWIEGEND A-NOTEN

Herzlichen Glückwunsch. In puncto Fitness macht Ihnen so leicht keiner was vor. Trainieren Sie weiter auf Ihrem hohen Leistungsniveau, dann brauchen Sie sich um Gesundheit und Figur bestimmt keine Sorgen zu machen.

HAUPTSÄCHLICH B-NOTEN

Nicht schlecht. Manchmal fehlt es Ihnen allerdings an Konsequenz, und Sie bleiben nicht am Ball. Dann kommen Sie mit Ihrer Fitness in den Rückstand. Überschätzen Sie sich bitte

MEHR C-NOTEN

Mit Ihrer Fitness sieht es nicht gerade rosig aus. Allerhöchste Zeit, etwas zu tun. Am besten fangen Sie gleich damit an. Keine Bange: Skaten kann jeder, und Spaß macht es auch, selbst wenn Sie bislang eher der Gattung Couchpotatoes angehörten. Wichtig, damit es von Anfang an gut läuft: Nicht einfach lospowern, denn Fitness muss langsam aufgebaut werden. Die nächsten Seiten mit Tipps von Warm-up bis Konditionstraining sind für Sie besonders interessant!

Wichtig: das
Warm-up

Anders als beim Walking ist beim Inlineskaten ein spezielles Warm-up erforderlich, damit Ihr Körper langsam in die Gänge kommt.

Immer erst aufwärmen

Durch Aufwärmübungen wird die Muskulatur stärker durchblutet und ist deshalb bereits sehr gut mit Sauerstoff und allen wichtigen Nährstoffen versorgt, wenn es dann richtig zur Sache geht. Bei einem »Kaltstart« wäre die Verletzungsgefahr größer und der Körper weniger belastbar und elastisch. Deshalb: Immer erst aufwärmen, dann in die Skating-Boots steigen.

Wippe für die Waden

1. Stellen Sie sich aufrecht hin, die Füße mit etwas Abstand zueinander. Der Blick geht geradeaus, die Schultern ziehen nach unten.

2. Spannen Sie den Bauch fest an. Heben Sie die Fersen an, bis Sie auf den Zehenspitzen stehen – und senken Sie sie wieder bis zum Boden.
➤ Wippen Sie so mindestens 20-mal auf und ab.

Oberschenkel-Achter

1. Stellen Sie sich aufrecht fest auf ein Bein. Brust raus, die Arme locker seitlich hängen lassen.
2. Mit dem anderen Bein, das bis in die Zehen gestreckt ist, beschreiben Sie vor dem Körper langsam und gleichmäßig

eine Acht. Dann wechseln Sie die Seite.
➤ Mindestens 5-mal pro Seite.

Po- und Schulter-Schaukel

1. Stellen Sie sich aufrecht hin, die Füße hüftbreit, die Knie leicht gebeugt.
2. Spannen Sie den Po fest an, und schieben Sie ihn nach vorn. Dann entspannen Sie ihn wieder und lassen das Becken nach hinten kippen. »Schaukeln« Sie Ihr Becken so in einem gleichmäßigen, langsamen Rhythmus.

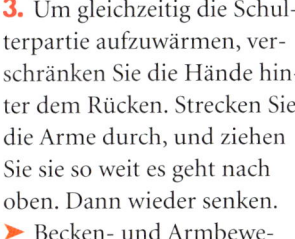

3. Um gleichzeitig die Schulterpartie aufzuwärmen, verschränken Sie die Hände hinter dem Rücken. Strecken Sie die Arme durch, und ziehen Sie sie so weit es geht nach oben. Dann wieder senken.

➤ Becken- und Armbewegungen mindestens 10-mal durchführen.

Ein Fall für die Brust

1. Stellen Sie sich eine gute Armlänge entfernt vor eine Wand. Die Füße stehen etwas auseinander, Bauch und Po sind fest angespannt.

Die Fersen bleiben während der gesamten Übung am Boden.

2. Lassen Sie sich in Richtung Wand fallen, und fangen Sie sich mit den ganzen Handflächen ab. Wippen Sie mit den angewinkelten Ellenbogen nach. Sie spüren dabei die Spannung in Brustkorb und Schultern.

3. Stoßen Sie sich wieder von der Wand ab, und lassen Sie sich erneut dagegen fallen.

➤ Wiederholen Sie den Ablauf mindestens 10-mal.

Rotierende Knie

Große Gelenke lassen sich nur dann problemlos bewegen, wenn sie vorgewärmt sind. Die Gelenkflüssigkeit schmiert die Gelenke und sollte vor allem in den Knien aktiviert werden.

1. Setzen Sie sich auf einen Stuhl. Verschränken Sie die Hände unter dem Oberschenkel, um ihn anzuheben.

2. Lassen Sie den Unterschenkel aus dem Knie heraus rotieren.

➤ Pro Seite mindestens 20-mal.

Cool-down

Der perfekte Abschluss: Stretching

Dehnungsübungen nach dem Training sind keine langweilige Schikane, sondern helfen der Muskulatur, wieder auf Normal-Null zu kommen, und beugen damit Muskelkater und Verspannungen vor.

➤ Ziehen Sie die Skates aus, und machen Sie die Übungen in aller Ruhe. Sie brauchen nur eine Parkbank (oder einen Stuhl) – an einem möglichst ungestörten Platz. Gehen Sie immer nur so weit in die Dehnung, dass es leicht zieht, und halten Sie die Position, ohne nachzufedern.

Waden-Winkel

1. Stützen Sie sich mit beiden Händen auf eine Bank- oder Stuhllehne. Das vordere Bein wird angewinkelt, das hintere ist gestreckt. Die Fersen bleiben während der Übung am Boden, die Zehenspitzen sind nach vorn gerichtet.
2. Schieben Sie den Körper in Richtung Lehne, bis die Dehnung in den Waden spürbar wird.
➤ 20 Sekunden halten, dann die Beine wechseln.

Oberschenkel-V

1. Sie stehen aufrecht, Füße und Knie hüftbreit auseinander. Wer schnell die Balance verliert, kann sich mit einer Hand leicht abstützen.
2. Winkeln Sie das rechte Bein nach hinten an, und umfassen Sie den Fuß mit der rechten Hand. Ziehen Sie die Ferse fest bis an den Po heran. Bleiben Sie aufrecht in der Hüfte.
➤ Halten Sie die Spannung 20 Sekunden lang, und dehnen Sie dann den anderen Oberschenkel.

Ham & Stretch

1. Legen Sie ein Bein gestreckt mit der Ferse auf die Lehne der Parkbank (oder des Stuhls). Die Zehen des Standbeins zeigen geradeaus, das Knie ist leicht gebeugt.

2. Neigen Sie den Oberkör-per leicht nach vorn, und senken Sie das Becken. Beu-gen Sie das Standbeinknie stärker, das andere bleibt ge-streckt. Es soll im Oberschen-kel hinten nur leicht ziehen.
➤ Halten Sie die Spannung 20 Sekunden. Richten Sie sich langsam wieder auf.

Platznehmen für den Po

1. Setzen Sie sich aufrecht hin. Legen Sie die rechte Ferse auf den linken Oberschenkel, und umfassen Sie mit der lin-ken Hand die Ferse.

2. Mit der rechten Hand drü-cken Sie den rechten Ober-schenkel in Richtung Boden. Langsam und auf keinen Fall ruckartig dehnen.
➤ Die Spannung 20 Sekun-den halten, dann lockern und die Beine wechseln.

➤ Sie können den Po auf diese Weise auch im Liegen dehnen. Das ist etwas einfa-cher, weil dabei der Rücken entlastet wird. Achten Sie un-bedingt darauf, dass er fest am Boden bleibt.

Dumm
gelaufen?

Was man alles falsch machen kann

Die Muskeln schmerzen. Sie stehen immer noch wie ein Fragezeichen auf den Skates. Oder Sie fühlen sich nach dem Sport völlig ausgepowert. Dann läuft etwas schief, und Sie sollten dringend Ihre Trainingsgewohnheiten unter die Lupe nehmen.

Der Kater danach

Nach längerer Pause haben Sie es auf der Skating-Piste mal wieder richtig krachen lassen. Ihre Muskeln danken es Ihnen am nächsten Tag mit tückischen Schmerzen. Nach neuester sportmedizinischer Kenntnis sind winzige Risse innerhalb der Muskelfasern für den Muskelkater verantwortlich. Am häufigsten kommt es zu den schmerzhaften Mikroverletzungen, wenn Muskeln gleichzeitig angespannt und überdehnt werden.

Ist der Kater erst mal da, brauchen die Muskeln zwei bis drei Tage Schonzeit, damit sie sich regenerieren können.
➤ Wer trotzdem nicht auf der faulen Haut liegen will, sollte softe Dehnungsübungen machen. Die heizen die Durchblutung an und fördern so den Heilungsprozess.

Schlechtes Timing

Das Training läuft einfach nicht so flott, wie Sie es sich wünschen würden. Hinterher sind Sie meist ziemlich geschafft.

tipp:

TRINKEN: WIE VIEL IST VIEL?

Die Faustregel für Sportler lautet: Vor dem Training 0,5 Liter Wasser oder Apfelschorle trinken. Nach dem Training ist mindestens ein Liter nötig, um den Flüssigkeitsverlust des Körpers aufzufüllen. Egal, ob Sie durstig sind oder nicht.

➤ Kann es sein, dass Sie einfach zur falschen Zeit sporteln? Medizinisch gesehen ist die Leistungsfähigkeit zwischen 17 und 19 Uhr zwar am höchsten. Aber die Praxis sieht anders aus. Nicht nur im alltäglichen Leben, sondern auch in der Fitness gibt es Frühaufsteher, Mittagsmenschen und Nachteulen. Da hilft nur eines: Finden Sie heraus, wann Sie Ihre persönliche Hoch-Zeit haben.

Total überschätzt

Beim Start haben Sie sich topfit gefühlt – aber schon nach kurzer Zeit sind Sie einem Kollaps nahe? Ein typischer Fall von Überanstrengung. Sie haben Ihre Kondition überschätzt.

➤ In Zukunft sollten Sie vorrangig an Ihrer Ausdauer arbeiten. Für den Moment jedoch gilt: sofort aufhören. Macht der Kreislauf schlapp, ist das immer ein Pausenzeichen. Am besten hinsetzen, abwarten und reichlich Wasser trinken. Schlappheit und

Kreislaufprobleme können auch ein Signal dafür sein, dass Sie zu wenig getrunken haben.

Nichts gegessen

Ein leerer Bauch trainiert nicht gern, ein voller ebensowenig.

➤ Deshalb sollten Sie unbedingt eine Stunde vor dem Training einen Snack essen: am besten eine Banane oder ein Vollkornbrot. Beide sorgen für Power und Magnesium. Zusammen ein unschlagbares Doppel für bessere Durchblutung und gegen Muskelkrämpfe.

Typisch Frau, typisch Mann

Zwei Bein-Fehlstellungen, die man bei Inlineskatern sehr häufig beobachtet: Während Frauen gern X-beinig fahren, skaten viele Männer O-beinig. Schuld daran ist bei ihr eine schwach trainierte mittlere Gesäßmuskulatur, während bei ihm die innere Oberschenkelmuskulatur verkürzt ist.

Wie bei jedem Sport ist es auch beim Skaten wichtig, vor- und nachher reichlich zu trinken, um den Flüssigkeitsverlust auszugleichen.

Beim X-Bein wird nicht nur das Knie durch die Biegung nach innen überstrapaziert. Auch die Schenkelhälse der Hüften leiden darunter. Die Füße sind ungünstig nach innen geknickt.

Die O-Bein-Stellung bedeutet eine Überlastung von Hüft- und Fußgelenken. Auch hier sieht man gelegentlich Knickfüße, diesmal allerdings nach außen gekippt.

➤ In beiden Fällen sollte mit entsprechenden Muskelaufbau- und Stretchingübungen gegengesteuert werden.

Die Angst fährt mit

Wenn das erste kleine Gefälle auf der Straße kommt, beginnen die Knie zu zittern. Man wackelt auf den Skates, während die Rollen schneller und schneller werden …Viele Anfänger haben mit Angst zu kämpfen. Kein Problem:

➤ Je häufiger Sie skaten, desto schneller verliert sich die Angst. Üben Sie außerdem das Bremsen und Fallen, trainieren Sie die entscheidenden Muskeln (Seite 36) – und Sie fahren bald sicherer und selbstbewusster.

Muskel-Workout
für Skater

Gut trainierte Muskeln sind gerade beim Inlineskating eine wichtige Voraussetzung, um seine Leistung zu verbessern und das Verletzungsrisiko zu senken. Außerdem verbrauchen mehr Muskeln auch mehr Energie. Ein regelmäßiges Krafttraining macht also Sinn.

Gezielt trainieren

Stark beansprucht werden Beine, Bauch und Po.
➤ Zweimal pro Woche sollten Sie diesen wichtigsten Skater-Muskeln leichte Kräftigungsübungen gönnen.

Training-Tipps!
➤ Wiederholen Sie jede Übung mindestens 15-mal.
➤ Trainieren Sie die schwächere Körperseite immer etwas mehr, um einen Ausgleich zu schaffen.
➤ Machen Sie alle Übungen betont langsam.

➤ Holen Sie niemals Schwung.
➤ Dehnen Sie verkürzte Muskeln erst mit Stretchingübungen (Seite 32).
➤ Atmen Sie stets in der Belastungsphase aus, vermeiden Sie Pressatmung, und halten Sie niemals die Luft an.
➤ Zwischen den Übungen nicht pausieren.

Stabilität für die Hüfte
1. Spannen Sie im Stehen Bauch und Po an, und verlagern Sie das Gewicht auf das rechte Bein.

2. Heben und senken Sie das linke Bein seitlich. Der Fuß ist nach vorn gerichtet, damit die Hüfte nicht verdreht wird.
3. Gleichzeitig können Sie die Schultern trainieren: Heben Sie die gestreckten Arme seitlich an, Handflächen nach oben, und schieben Sie die Schulterblätter in Richtung Wirbelsäule.

Macht die Oberschenkel fit
1. Lehnen Sie sich mit dem Rücken an eine Wand. Stellen Sie die Füße hüftbreit und eine Oberschenkellänge von der Wand entfernt auf.

2. Senken Sie langsam den Po nach unten, als wollten Sie sich auf einen Stuhl setzen, die Knie bleiben hüftbreit auseinander.

3. Schieben Sie sich dann wieder nach oben.

Power für den Bauch

1. Legen Sie sich flach auf den Rücken, die Hände auf dem Bauch.

2. Stellen Sie die Füße auf, so dass Ober- und Unterschenkel einen rechten Winkel bilden. Drücken Sie den Rücken gegen den Boden.

3. Atmen Sie tief ein. Beim Ausatmen heben Sie das Be-cken durch Anspannen der Bauchmuskulatur an – so weit es geht. Beim Einatmen wieder senken.

Kräftigt Po und Schultern

1. Sie liegen auf dem Bauch, die Beine ausgestreckt, die Arme seitlich angewinkelt, Ellbogen auf Schulterhöhe. Heben Sie Oberkörper und Arme leicht an, und schauen Sie dabei nach unten.

2. Strecken Sie die Arme langsam nach vorn aus, und heben Sie zusätzlich die Beine vom Boden ab.

3. Wenn Sie die Arme zurückführen, ziehen Sie die Schulterblätter zusammen. Legen Sie die Beine am Boden ab, und entspannen Sie das Gesäß.

Während der gesamten Übung bleibt der Oberkörper leicht angehoben, der Blick nach unten gerichtet und der Nacken lang. Achten Sie darauf, dass die Bauchmuskulatur ständig angespannt ist. Dadurch vermeiden Sie, ins Hohlkreuz zu gehen.

BBP-Skating

Inline-Workout für die Figur

Wer sich speziell den »Problemzonen« Bauch, Beine, Po widmen will, kann das beim Skaten einfach nebenher machen. Und wenn Sie auf die richtige Herzfrequenz achten (Seite 27), ist auch der Fatburner-Effekt garantiert.

➤ Ideal: zweimal pro Woche 45 bis 60 Minuten. Und bloß nicht übertreiben! Auch beim BBP-Workout kommt es auf die Dosis an. Nutzen Sie höchstens die Hälfte der Zeit fürs Workout. Laufen Sie im Übrigen just for fun!

Lassen Sie es sanft angehen

➤ Gehen Sie nur gut vorgewärmt (Seite 30) auf die Skates. Rollen Sie sich dann noch fünf bis zehn Minuten locker ein, bei einer mittleren Geschwindigkeit. Sind alle Muskeln warm, kann es losgehen.

Downy – macht Oberschenkel, Po und Rücken stark.

Downy

Hier werden Oberschenkel, Po und Rücken in einem trainiert:
1. Nehmen Sie zuerst Fahrt auf, und führen Sie dann die Beine hüftbreit auseinander. Die Hände verschränken Sie am besten auf dem Rücken.
2. Gehen Sie tief in die Hocke, den Oberkörper vorgebeugt, Rücken gerade. Lassen Sie die Skates so 30 Sekunden lang ausrollen.
3. Noch effektiver wird's, wenn Sie dabei mit dem Po rauf- und runtergehen.

Swizzle – strafft die Oberschenkelinnenseiten.

➤ 2- bis 3-mal 30 Sekunden, dann 1 bis 2 Minuten Pause.

Swizzle

Das strafft die Oberschenkelinnenseiten:
1. In aufrechter Haltung drücken Sie die Skates auseinander und ziehen sie wieder zusammen. Die Skates bleiben immer parallel zueinander und behalten ständig Bodenkontakt. Je langsamer das Tempo, desto intensiver das Muskeltraining.
➤ 2- bis 3-mal 1 Minute, dann 1 bis 2 Minuten Pause.

Twist – den Oberkörper hin- und herzudrehen stylt die Taille.

Backlift – die klassische Übung für einen knackigen Po.

Twist

Macht die Taille schlank:
1. Rollen Sie mit den Skates an ein Geländer, einen Zaun oder einen Baum, wo Sie sich mit beiden Händen festhalten können. Stellen Sie die Skates auf die vorderen Rollen.
2. Mit hüftbreiten Beinen und leicht gebeugten Knien drehen Sie den Unterkörper aus der Taille nach rechts und links – so weit es geht.
3. Kurz pausieren, dazu die Skates auf alle Rollen stellen. Dann nochmal »twisten«.
➤ 30 Sekunden.

Backlift

Damit wird Ihr Po knackig:
1. Wieder halten Sie sich am Geländer oder Baum fest. Die Skates stehen parallel in leicht geöffneter Stellung.
2. Verlagern Sie Ihr Gewicht auf den linken Skate. Heben Sie das rechte Bein langsam nach hinten. Spannen Sie den Po dabei fest an. Lassen Sie das Bein genauso langsam wieder sinken.
Das Heben und Senken sollte jeweils 2 Sekunden dauern – dann wechseln Sie das Bein.
➤ 10-mal pro Seite.

tipp:

FATBURNER-REGELN

➤ Beim Inlineskating abzunehmen klappt nur, wenn Sie sich gleichzeitig auch bewusster ernähren.

➤ 60 Prozent der Tagesration sollten aus Kohlenhydraten bestehen (zum Beispiel Brot, Haferflocken, Nudeln, Reis – bevorzugt aus Vollgetreide). Darin stecken nur halb so viele Kalorien wie in Fett.

➤ Hungern bringt gar nichts. Beim Training geht der Organismus sonst an seine eigenen Glykogen- und Proteinvorräte (Stärke und Eiweiß). Muskeln werden dann ab- statt aufgebaut. Um gesund abzunehmen, braucht der Körper mindestens 1200 kcal pro Tag.

➤ Lieber öfter und regelmäßig essen, damit die Kohlenhydratspeicher gefüllt sind und der Blutzuckerspiegel konstant bleibt. Dann kommen Hungergefühle gar nicht erst auf. Denn der Hunger meldet sich erst, wenn der Blutzuckerspiegel zu tief absinkt.

Richtig
Gas geben

Inline-Workout für mehr Kondition

Wollen Sie Ihr Training mehr auf Kondition und Fitness ausrichten, ist Ihr aktueller Leistungs- und Gesundheitszustand das Maß aller Dinge. Das heißt: Wer sich gerade am Anfang zu viel zumutet, tut sich und seinem Körper keinen Gefallen. Und Frust kommt ohnehin auf, wenn man ein 40-Minuten-Training geplant hat und schon nach 25 Minuten total k.o. ist.

Die Herzfrequenz macht's

Der Unterschied zwischen Fatburner- und Konditions-Workout liegt in der Herzfrequenz (Seite 27).

● Bei einem niedrigen Trainingspuls nimmt man aus der Atemluft genügend Sauerstoff auf, um die Muskeln zu versorgen. Der Körper holt sich die notwendige Energie aus seinen Fettdepots

tipp:

IHR TRAININGSPLAN FÜR ACHT WOCHEN

- -

1. UND 2. WOCHE

Dauer: 20 Minuten

Häufigkeit: 3-mal pro Woche

Herzfrequenz: 60 bis 70 Prozent vom Maximalpuls (Seite 27)

3. UND 4. WOCHE

Dauer: 20 Minuten

Häufigkeit: 4-mal pro Woche

Herzfrequenz: 60 bis 70 Prozent vom Maximalpuls

- -

5. UND 6. WOCHE

Dauer: 45 Minuten

Häufigkeit: 4-mal pro Woche

Herzfrequenz: 60 bis 70 Prozent vom Maximalpuls

7. UND 8. WOCHE

Dauer: 60 Minuten

Häufigkeit: 4-mal pro Woche

Herzfrequenz: 70 bis 80 Prozent vom Maximalpuls

und lässt die Pölsterchen schmelzen.

● Auf einer höheren Pulsfrequenz werden in erster Linie Kohlenhydrate verbraucht. Dabei wird das Herz-Kreislauf-System trainiert. Regelmäßiges Konditionstraining macht fitter, verbessert Ausdauer und Leistungsfähigkeit.

Aerob trainieren

Das Motto für das Konditionstraining lautet: kurz und schnell. Aber nicht zu schnell!

➤ Um sicher zu sein, dass Sie sich immer noch im aeroben Bereich bewegen, sollten Sie höchstens mit 70 bis 85 Prozent Ihrer maximalen Herzfrequenz skaten.

Wer sich auspowert, trainiert anaerob. Das bedeutet, dass der Körper in ein Sauerstoffdefizit gerät. Ohne Sauerstoff übersäuert die Muskulatur. Letztlich muss man völlig atemlos einen Stopp einlegen.
➤ Ihr Tempolimit: Sie skaten mit der richtigen Geschwindigkeit, wenn Sie sich während der Fahrt problemlos mit Ihrem Skatepartner unterhalten können.

Locker einrollen

➤ Die Zeit für ein Warm-up (Seite 30) sollten Sie sich immer nehmen. Es erhöht die Leistungsfähigkeit des Körpers enorm und senkt die Verletzungsgefahr. Außerdem stimmen Sie sich mental aufs Training ein.
➤ Genießen Sie dann die ersten zehn Minuten auf Skates ganz entspannt bei mittlerer Geschwindigkeit.

Konditionstraining auf Skates macht riesig Spaß. Denn Speed-Skaten im Geschwindigkeitsrausch ist fast wie Fliegen ...

Langsam steigern

➤ Je niedriger Ihr Fitness-Level, desto langsamer sollten Sie beginnen und vorsichtig steigern. Die Leistungsfähigkeit bleibt so wesentlich länger stabil.
Die kluge Faustregel lautet: Erst länger, dann häufiger, dann intensiver!

Skaten für
Könner

Techniken für den ultimativen Kick

*W*er die Pflicht beim Inline-skating beherrscht und konditions-mäßig gut drauf ist, kann sich allmählich an die Kür wagen. Versierte Skater zeigen High Performance auf Rollen. Das können Race-Techniken sein, Freestyle-Figuren, Mannschaftsspiele und Wettkämpfe. Probieren Sie es einfach mal aus!

Speed & Style

Race-Techniken für mehr Power

Die Rennhaltung

Um den Windwiderstand zu reduzieren und richtig Speed zu machen, sind Oberkörper und Knie viel tiefer gebeugt als beim normalen Vorwärtsskaten. Die Arme unterstützen die Beschleunigung besonders in Start- und Sprintphasen sowie bergauf.

Zwei-Arm-Schwung

Schwingen Sie die Arme kräftig gegenläufig mit (Foto Seite 41):

1. Gleitbein links – rechten Arm gebeugt nach links oben schwingen, linken Arm (Gleitbeinseite) am Körper vorbei gestreckt nach hinten oben schwingen.
2. Gleitbein rechts – linken Arm gebeugt nach rechts oben, rechten Arm gestreckt nach hinten oben.

Einseitiger Arm-Schwung

Auf Langstrecken mit gleichem Tempo bequemer:

1. Ein Arm schwingt, der andere liegt auf dem Rücken.

Double Push

Sie könnten natürlich einfach die Schrittfrequenz erhöhen, um schneller zu werden. Das kostet auf Dauer aber zu viel Energie. Cleverer geht's, indem Sie mehr Druck geben:

1. Machen Sie den nächsten Schritt etwas breiter als sonst. Stoßen Sie sich wie gewohnt mit der Innenkante des Ex-Gleitskates ab.
2. Verlagern Sie Ihr Gewicht seitlich über den neuen Gleitskate hinaus, und kippen Sie ihn auf die Außenkante.
3. Indem Sie ihn nun wieder zur Mitte kippen, erzeugen Sie zusätzlichen Drive.

Freestyle-Tricks für noch mehr Fun

Alles ist erlaubt: tanzen, springen, verrückte Figuren laufen. Eine spezielle Ausrüs-

tung brauchen Sie nicht dazu, aber viel Sicherheit und Können auf den Rollen.

Slalom

Die Slalomtechnik ähnelt dem Wedeln beim Skifahren.

1. Fahren Sie mit Speed auf das Hindernis zu, den Oberkörper vorgebeugt, Knie geschlossen und leicht gebeugt.
2. Um es links zu umfahren, führen Sie den linken Fuß um eine halbe Skatelänge vor den rechten Skate und verlagern das Gewicht nach links. Geben Sie Druck auf die Außenkante des linken Skates.
3. Richten Sie den Körper sofort wieder auf, entlasten Sie beide Skates, um dann vor dem nächsten Hindernis erneut die gebeugte Stellung einzunehmen und nach der anderen Seite zu »wedeln«.

Bielmann

Elegant wie die ehemalige Weltmeisterin Denise Bielmann auf dem Eis.

1. Beim Vorwärtslaufen gehen Sie in die Knie und ver-

Bielmann – wer den beherrscht, ist schon ziemlich gut ...

Spaß
im Team

Inlineskaten in der Gruppe macht den Individualsport zu einem echten Teamerlebnis: auf organisierten Blade-Nights durch die nächtlichen Straßen oder mit Gleichgesinnten beim Spiel. Das sollten Sie sich keinesfalls entgehen lassen. Voraussetzung fürs Mitmachen: sicheres Fahren und Bremsen.

lagern das Gewicht auf den linken Fuß. Der linke Arm ist weit nach vorn gestreckt.
2. Heben Sie den rechten Skate mit gebeugtem Knie vom Boden ab. Der Blick ist auf den rechten Schuh gerichtet, während die rechte Hand ihn an der Spitze umfasst. Ziehen Sie den Skate möglichst weit zum Po.
3. Senken Sie den Oberkörper, bis Kopf, Oberkörper und Oberschenkel auf einer Linie in der Waagerechten sind.
So gleiten Sie einbeinig über den Asphalt.

Waage
1. Beugen Sie im Vorwärtsfahren den Oberkörper weit nach vorn. Strecken Sie die Arme seitlich nach vorn aus, als wollten Sie fliegen.
2. Heben Sie langsam ein Bein vom Boden ab, und führen Sie es gestreckt nach hinten oben. Das Gewicht lastet ganz auf dem Standbein. Die perfekte Waage haben Sie erreicht, wenn Rücken und Bein in der Luft eine waagrechte Linie bilden (Foto Seite 42). Wichtig: Spannen Sie die Muskulatur im Bein, Po und Rücken fest an.

Blade-Nights
Einmal skaten, wo sonst nur Autos fahren dürfen. Das ist das Ziel der Blade-Nights, die inzwischen in vielen deutschen Städten während der Sommermonate stattfinden. Abends werden dafür jede Woche wechselnde Routen zwei bis drei Stunden lang für den Autoverkehr gesperrt. Über Termine und Schwierigkeitsgrade der Blade-Nights kann man sich in den örtlichen Tageszeitungen, im Internet und bei Sportvereinen schlau machen.

Hockey auf Rollen

➤ Streethockey wird mit zwei Teams von zwei bis sechs Spielern gespielt. Leere Parkplätze sind ein perfektes Spielfeld. Die Tore sind zumeist selbst gebaut.
Alle Spieler tragen normale Schutzausrüstung plus Helm. Nur der Torwart braucht zusätzlich Schienbeinschoner. Gespielt wird mit Hockeyschlägern und einem Streetpuck oder -hockeyball.
Im Gegensatz zum Eishockey gibt es keine Abseits- und Linienregeln.

Inline-Basketball

➤ Als Spielfläche sind asphaltierte Felder mit fest installierten Körben ideal. Außerdem benötigen Sie einen Basket- oder Volleyball. Im Gegensatz zum normalen Basketball wird auf Rollen wenig gedribbelt. Auch auf Sprünge unterm Korb sollten Sie auf Skates lieber verzichten. Da die Landefläche sehr klein ist, zieht man sich

schnell einen Bänderriss zu. Vermeiden Sie auch möglichst Zusammenstöße und harte Pässe, weil unsichere Mitspieler leicht das Gleichgewicht verlieren.

➤ Inlinebasketball wird inzwischen auch von Skateschulen angeboten.

On Tour

Organisieren Sie doch mal einen Ausflug. Wählen Sie anfangs keine zu schwierige oder zu lange Route aus, damit keiner der Mitfahrer überfordert ist. Gerade Anfänger überschätzen häufig ihre Kräfte.

Asphalt statt Eis: Den Puck übers Feld zu jagen macht auf Skates genauso viel Spaß – und heißt dann Streethockey.

Gesucht – gefunden

Hilfreiche Adressen

Tanja Quade
  Hirsch-Gereuth-Str. 29
  81369 München
  www.tqpt.de

Deutscher Inline-Skate-
  Verband (DIV)
  Ernst-Höfer-Str. 15e
  64342 Seeheim-Jugendheim
  www.D-I-V.de.

Deutscher Rollsport- und
  Inline-Verband (DRIVe)
  Sterngasse 5
  89073 Ulm

Österreichischer Roll-Sport-
  Verband (ÖRSV)
  Kundmanngasse 24/3
  A-1030 Wien

Schweizer Rollsport Verband
  (SRV)
  Sihlbrugstr. 105
  CH-6341 Baar

Inline-Skate-Schulen

… mit verbandsgeprüften Leh-
rern finden Sie im Internet
unter:
www.fitforfun.de/links/inline-
  skate-schulen
www.k2skatecollege.de

Fitness- und Speed-Kurse unter:
www.salomonspeed.com

Blade-Night-Veranstaltungen

… finden Sie unter
www.bladenight.de

Buchtipps

Baumgartner, Sebastian/Hoos,
  Olaf: Richtig Fitness-Skating;
  blv, München
Grillparzer, Marion: Fatburner.
  Das Ernährungsprogramm;
  Gräfe und Unzer Verlag, Mün-
  chen
Hatje, Tobias/Denecke, Ulf:
  Inlineskaten wie ein Profi; Süd-
  west Verlag, München
Regelin, Petra: Fit! Bodyforming;
  Gräfe und Unzer Verlag, Mün-
  chen
Riecher, Patricia: Tipps für Inline-
  skating; Meyer & Meyer Verlag,
  Aachen
Rüdiger, Margit: Bauch, Beine,
  Po; Gräfe und Unzer Verlag,
  München
Rüdiger, Margit/Häberlein, Sa-
  bine: Fit! Bauch, Beine, Po;
  Gräfe und Unzer Verlag, Mün-
  chen
Rüdiger, Margit: Power Walking;
  Gräfe und Unzer Verlag, Mün-
  chen
Wade, Jennifer: Fatburner. Das
  Fitnessprogramm; Gräfe und
  Unzer Verlag, München

Sachregister

Über die Autorin

Margit Rüdiger, geboren 1955 in München, hat sich seit vielen Jahren als Journalistin und Buchautorin auf Beauty- und Fitness-Themen spezialisiert.
Sie schreibt unter anderem für Frauenzeitschriften wie *Elle*, *Madame* und *Marie Claire* und hat bereits mehrere Schönheits-Ratgeber veröffentlicht. Seit ihrem 20. Lebensjahr macht sie regelmäßig Bodytraining. Inlineskaten gehört seit vier Jahren zu ihrem bevorzugten Fitnesstraining im Sommer.

Fachliche Beratung

Tanja Quade, geboren 1969 in Heide (Schleswig-Holstein), arbeitet selbstständig als Personal Trainer in München. Zur Zeit macht sie eine Ausbildung als psychologische Beraterin. Sie hat Trainerlizenzen für Inlineskating, Rückenschule, Aerobic, Chi Ball, Spinning, Herzfrequenzguide und Osteoporosegymnastik. Außerdem ist sie Schulungsleiterin der TC Fitnessclubs und berät Wellnesszeitschriften. Ihre Schwerpunkte sind Walking, Rückenschule und Körpersprache.

Wichtiger Hinweis

Die Ratschläge des vorliegenden Buches wurden sorgfältig recherchiert und haben sich in der Praxis bewährt. Alle Leserinnen und Leser sind jedoch aufgefordert, selbst zu entscheiden, ob und inwieweit sie die Anregungen aus diesem Buch umsetzen wollen. Autorin und Verlag übernehmen keine Haftung für die Resultate.

Bildnachweis

Fotoproduktion: Tom Roch

Weitere Fotos
Jump: U2, S. 45
Salomon S. A.: S. 41

Impressum

© 2003 Gräfe und Unzer Verlag GmbH, München
Alle Rechte vorbehalten, Nachdruck, auch auszugsweise, sowie Verbreitung durch Film, Funk, Fernsehen und Internet, durch fotomechanische Wiedergabe, Tonträger und Datenverarbeitungssysteme jeder Art nur mit schriftlicher Genehmigung des Verlages.

Redaktionsleitung:
    Ulrich Ehrlenspiel
Redaktion: Silvia Herzog
Lektorat und Gestaltung:
    Felicitas Holdau
Layout: Heinz Kraxenberger
Umschlag: Independent
    Medien-Design
Herstellung: Renate Hutt
Lithos: W & Co., München
Druck/Bindung: Alcione, Trento

ISBN 3-7742-5770-1

Auflage	5.	4.	3.	2.	1.
Jahr	07	06	05	04	03

GRÄFE
UND
UNZER

Ein Unternehmen der
GANSKE VERLAGSGRUPPE